AF456191

Mlle
coulon
de
Thevenot

1698

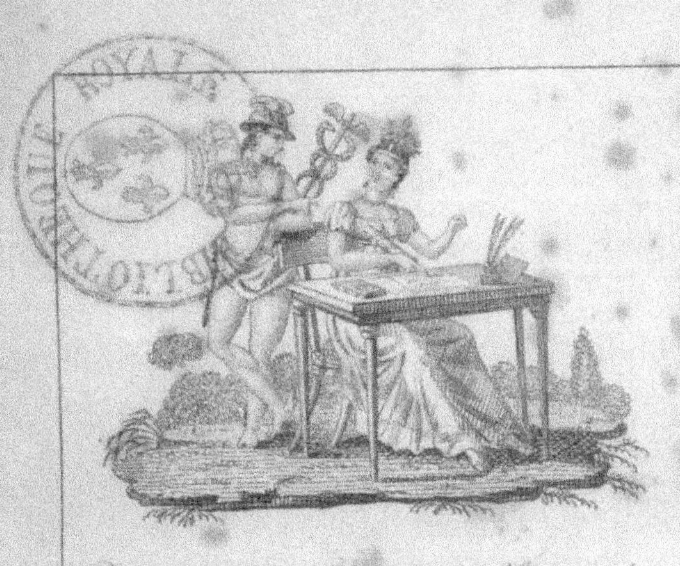

Poursuis, n'interromps point ton éloquent récit,
Jusques au dernier mot ton discours est écrit.
On peut facilement par la Tachigraphie
Recueillir les leçons du plus vaste génie.

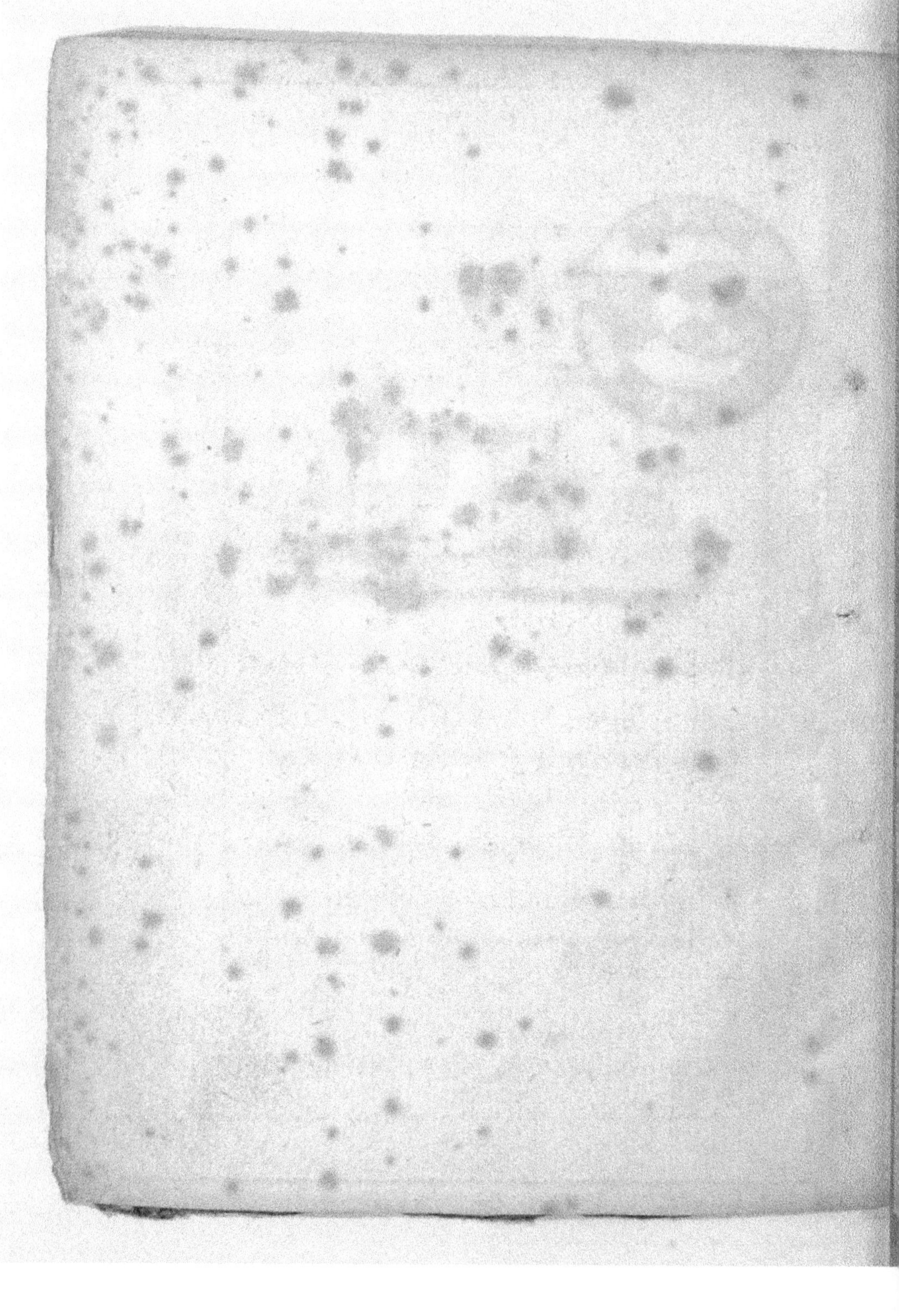

DICTIONNAIRE
de la Langue française 2.

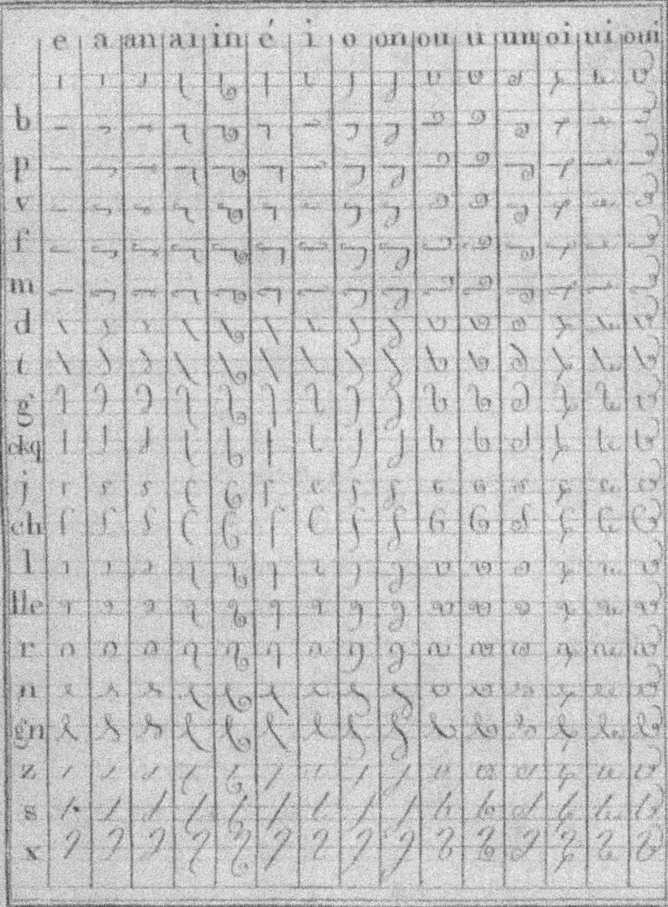

	e	a	an	ai	in	é	i	o	on	ou	u	un	oi	ui	oui
b															
p															
v															
f															
m															
d															
t															
g															
ckq															
j															
ch															
l															
lle															
r															
n															
gn															
z															
s															
x															

Tachygraphie;

ou Art d'Écrire aussi vite qu'on parle.

Alphabet.

N.° 1. Voyelles.

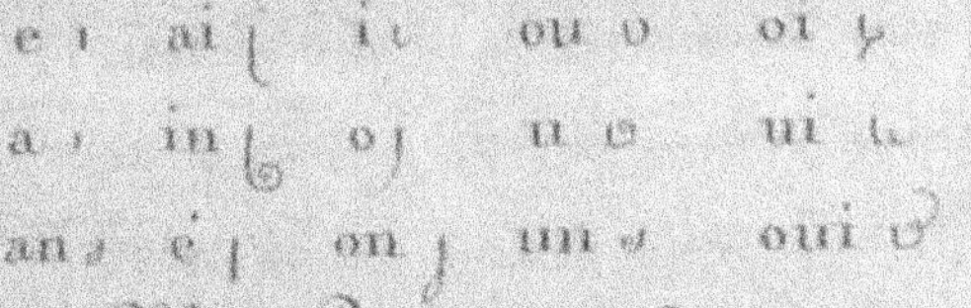

e	ai	i	ou	oi
a	in	o	u	ui
an	é	on	un	oui

N.° 2. Consonnes.

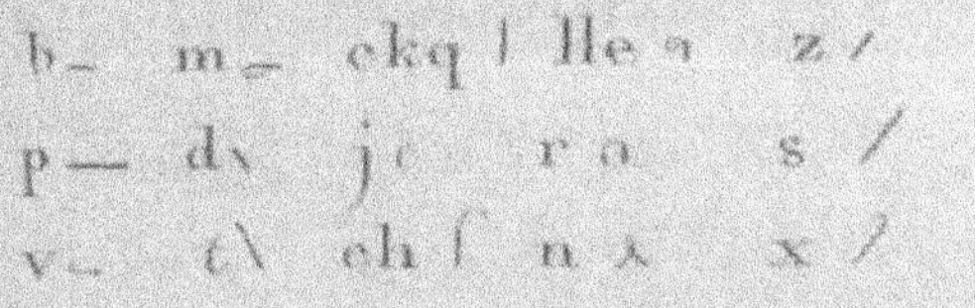

b	m	ckq	lle	z
p	d	j	r	s
v	t	ch	n	x
f	g	l	gn	&c.

N.° 3. Mots composés de Voyelles.

on a — on en est
on a eu — on en a
on est — on a eu

N.° 4. Diphtongues.

ieu iai io iu oue
ia ien ion ouo ouai
ian ié iou ouon oin

N.° 5 Monosyllabes de Consoñes

me que ne le
ce de te je

N° 6 Les doubles consonnes se composent du N° 2

bl   cl   vr   ct

pl   chl   fr   sp

vl   sl   gr   ps

fl   tl   cr   st

ml   br   dr   str

gl   pr   tr   xt

N°. 7. Consonnes après les Voyelles.

il   dort   latte   poste

elle   mort   sec   regle

or   l'or   cap   acre

N.° 8. Reunion des Voyelles aux Consonnes.

Ajoutez aux consonnes le prolongement l'arrondissement ou la boucle de la Voyelle, et vous leur en donnez la prononciation

a ı; ba ‿; la ɔ; ca ˡ; sa /; ta ⟩:

é ⌊; bé ⌝; lé ʅ; gué |; sé /; te \:

ue; bu; lu; eu; su; tu:

N.° 9 La reunion des Voyelles aux doubles Consonnes se fera de même

bl bla blé bli blu

dr dra dré dri dru

st ∧ sta ∧ ste ∧ sti ∧ stu

N.º10 L'R revenant souvent à la fin des syllabes on fait le Signe plus petit.

mer ardeur coeur
terre soeur faire

N.º 11. Un point sous la Voyelle indique qu'elle est longue; il distingue surtout l'e muet le eu.

de ; deux je, jeu ; fe, feu

N.º 12. On se sert également de ce point pour l'h aspiré et les Voyelles graves.

hollande	être
ah	vue
mâle	épée

N.° 13. Le pluriel du pronom sera indiqué par une liaison.

il ; ils   qu'il qu'ils

elles quelles celles tels

N.° 14. L'L mouillée à la fin des mots se désigne par un point au dessus du caractère

fille ; raille ; paille

N.° 15 sion ; *on met sur le coté droit au bout du caractère un point*

nation pension lésion

N.° 16 dre et tre *on mettra le point sur la base*

entre cendre montre

N.° 17 Pour les mots en ment *on met une virgule*

moment comment

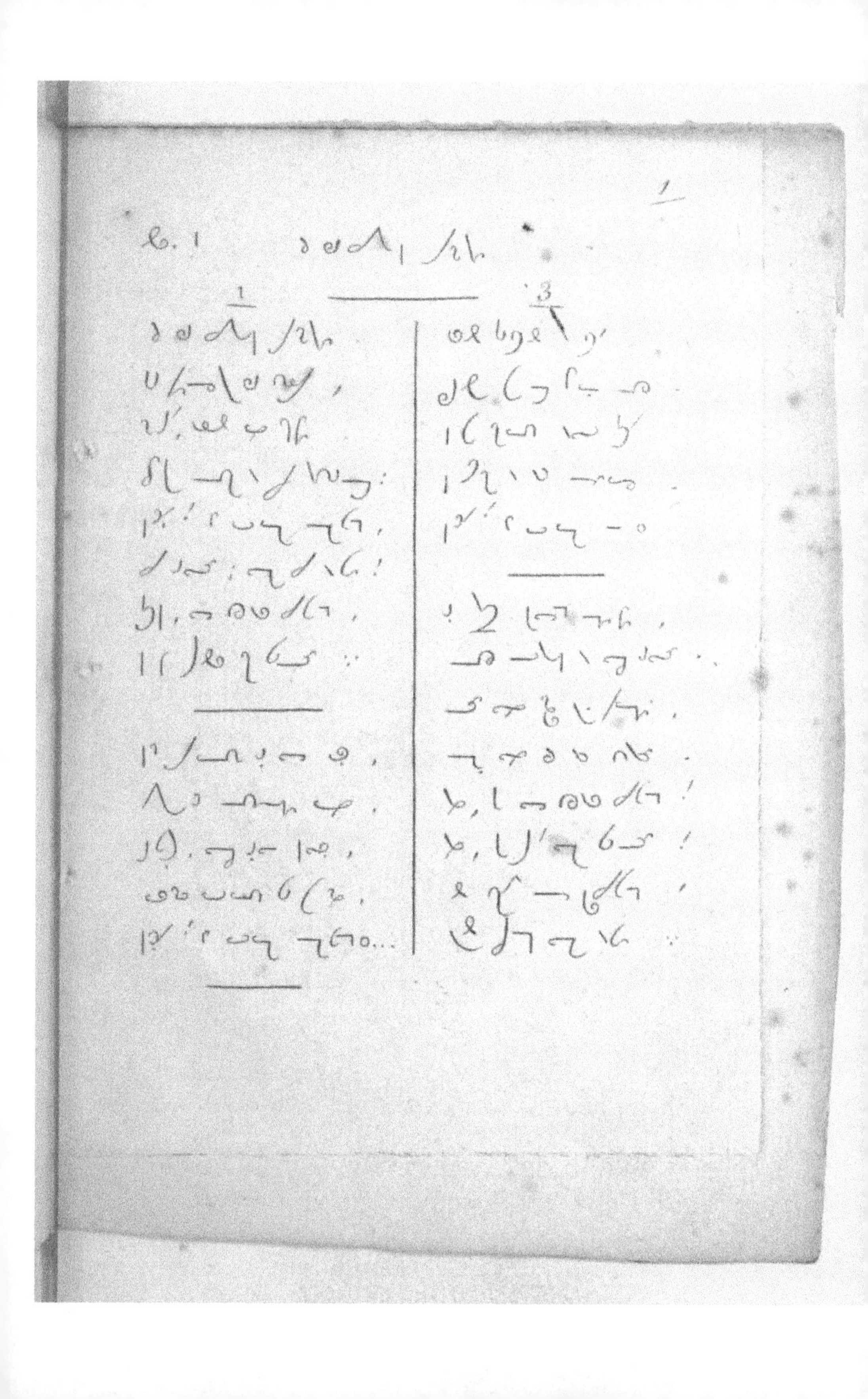

1

3

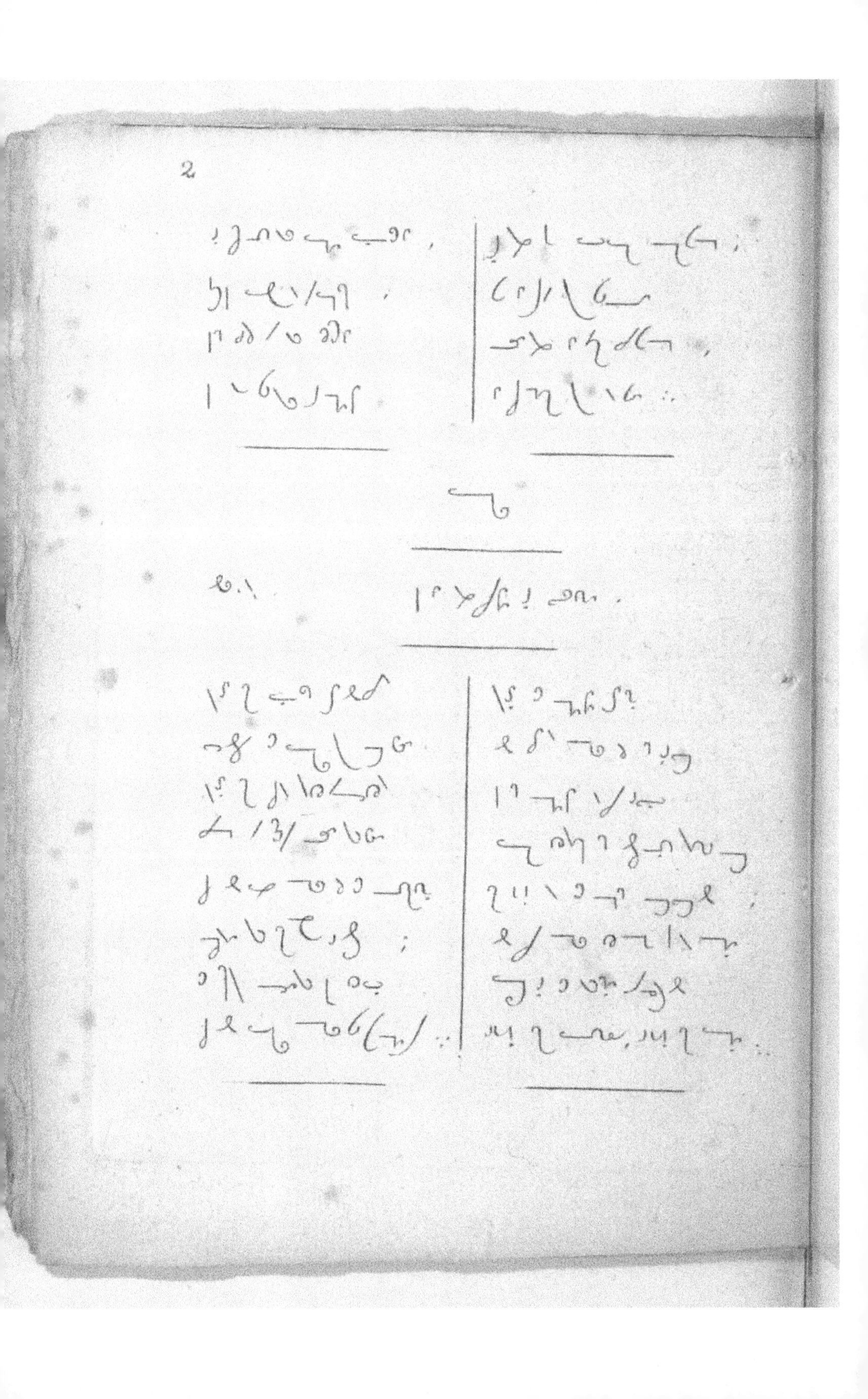

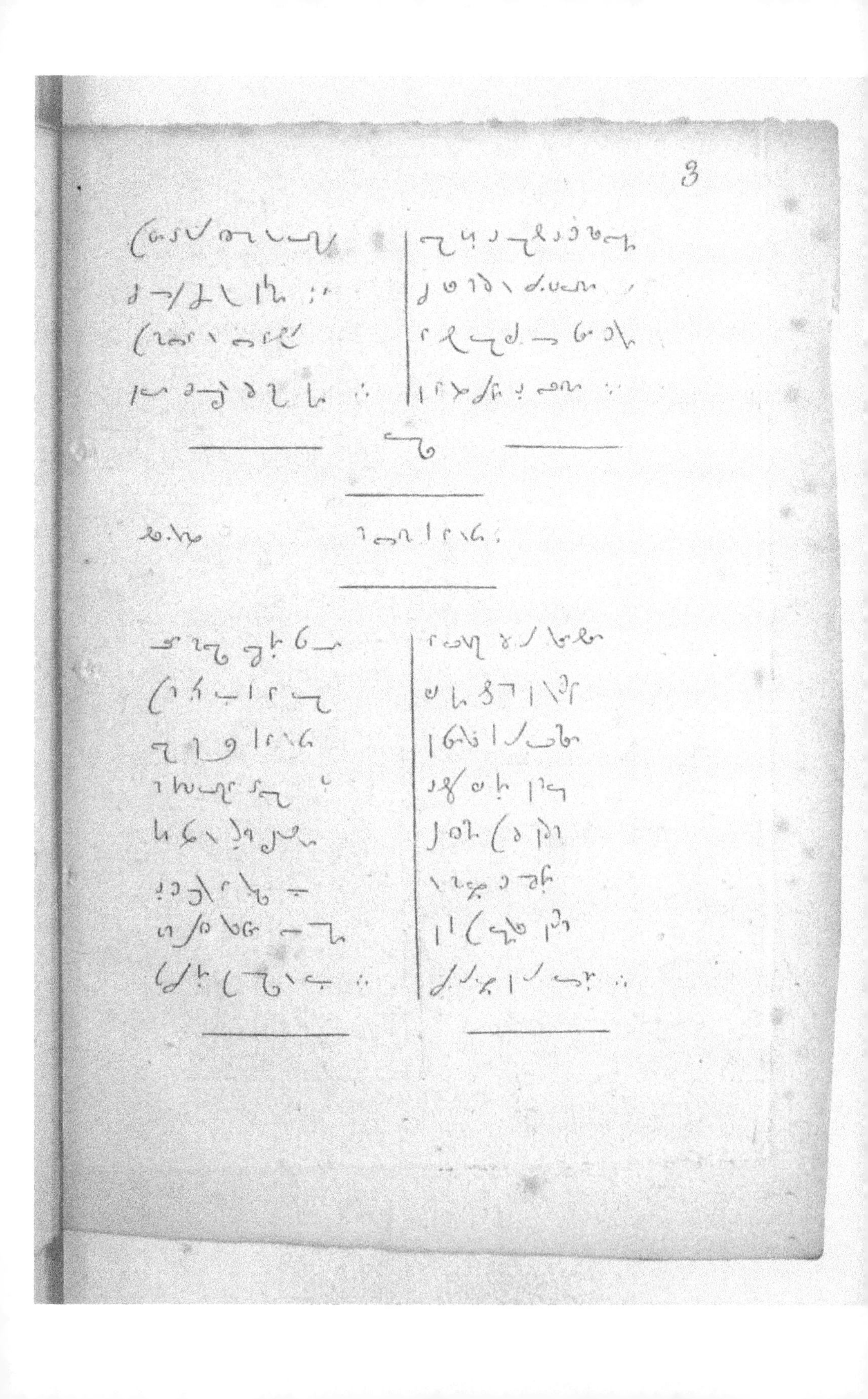

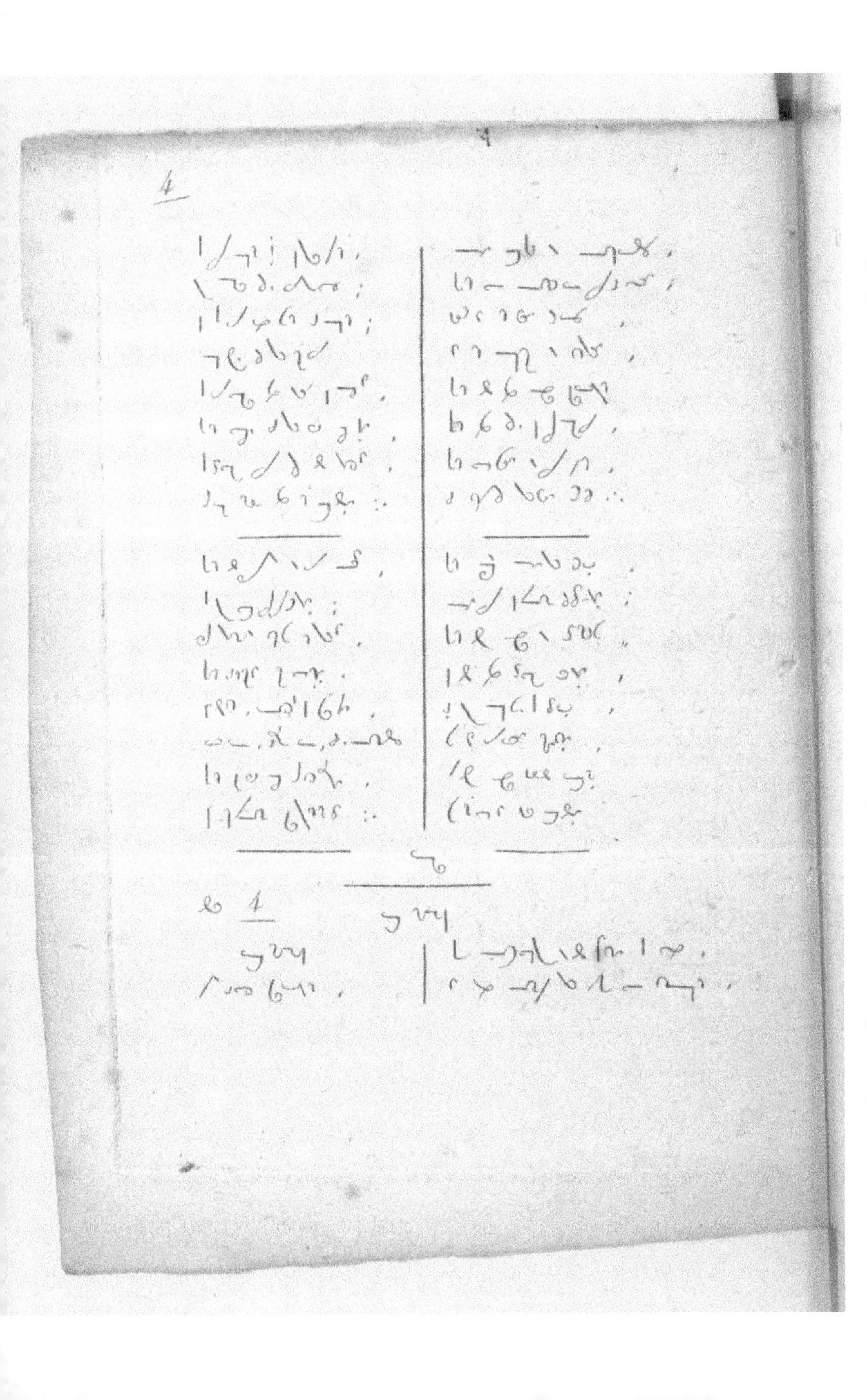

4

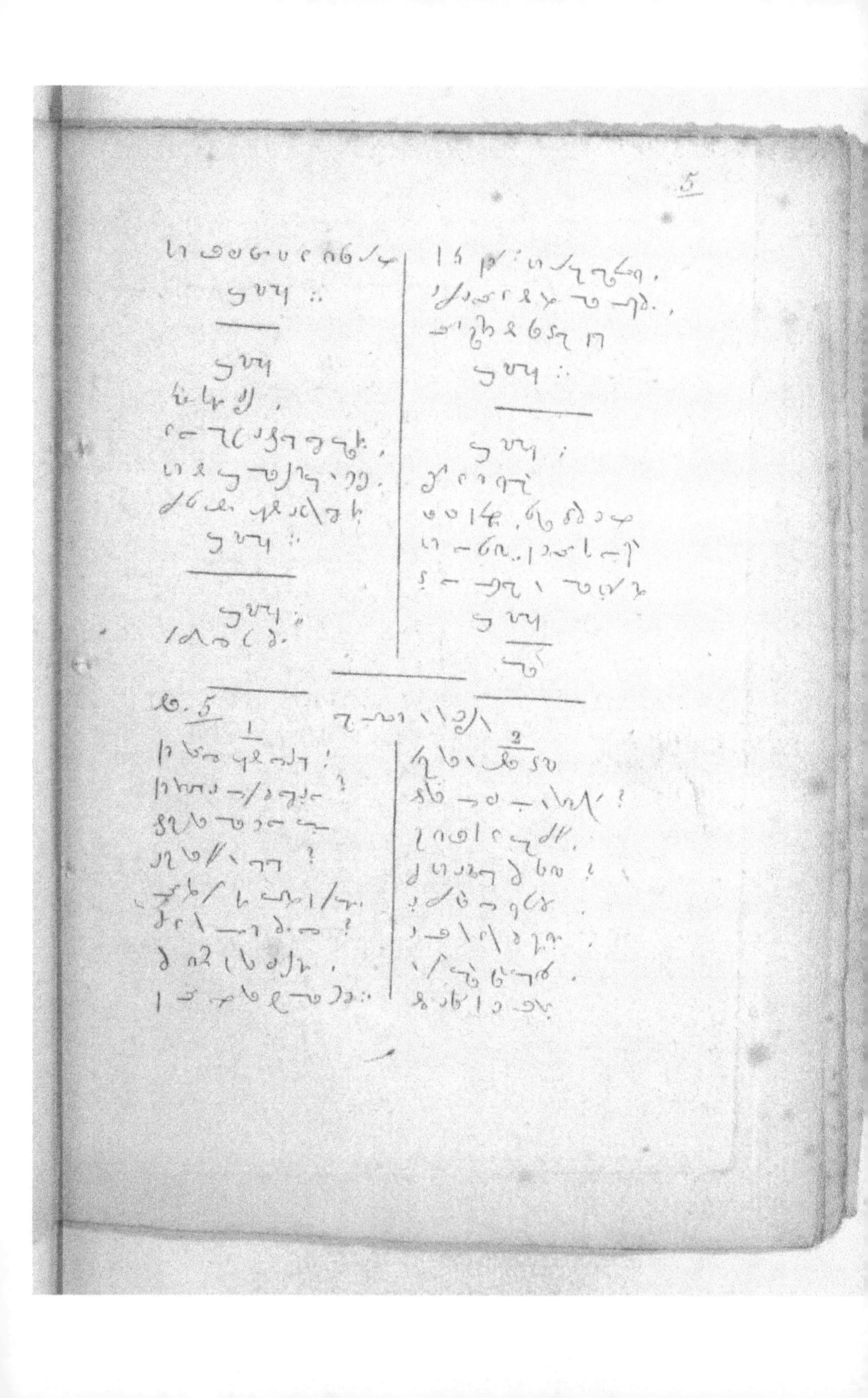

1

2

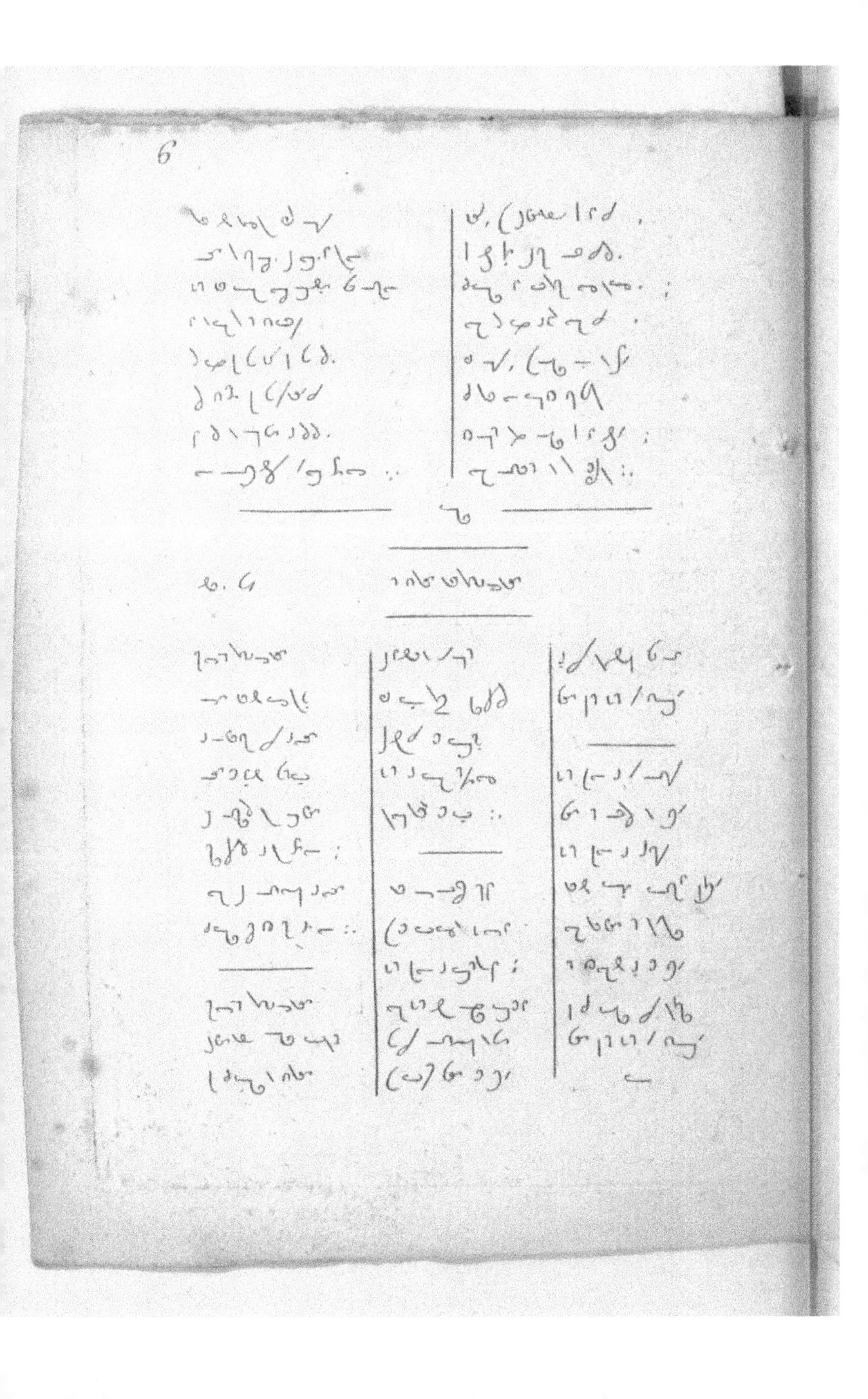

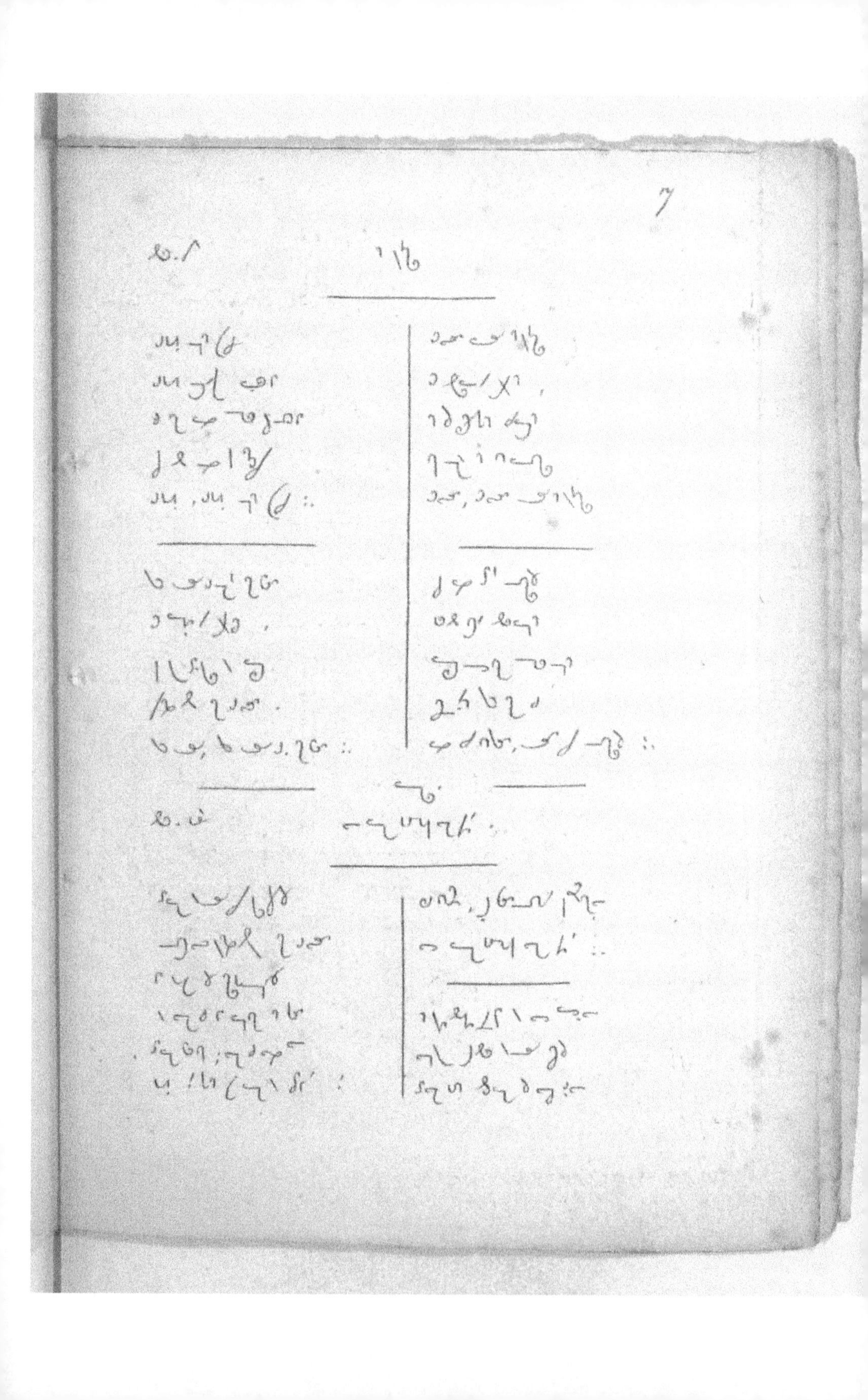

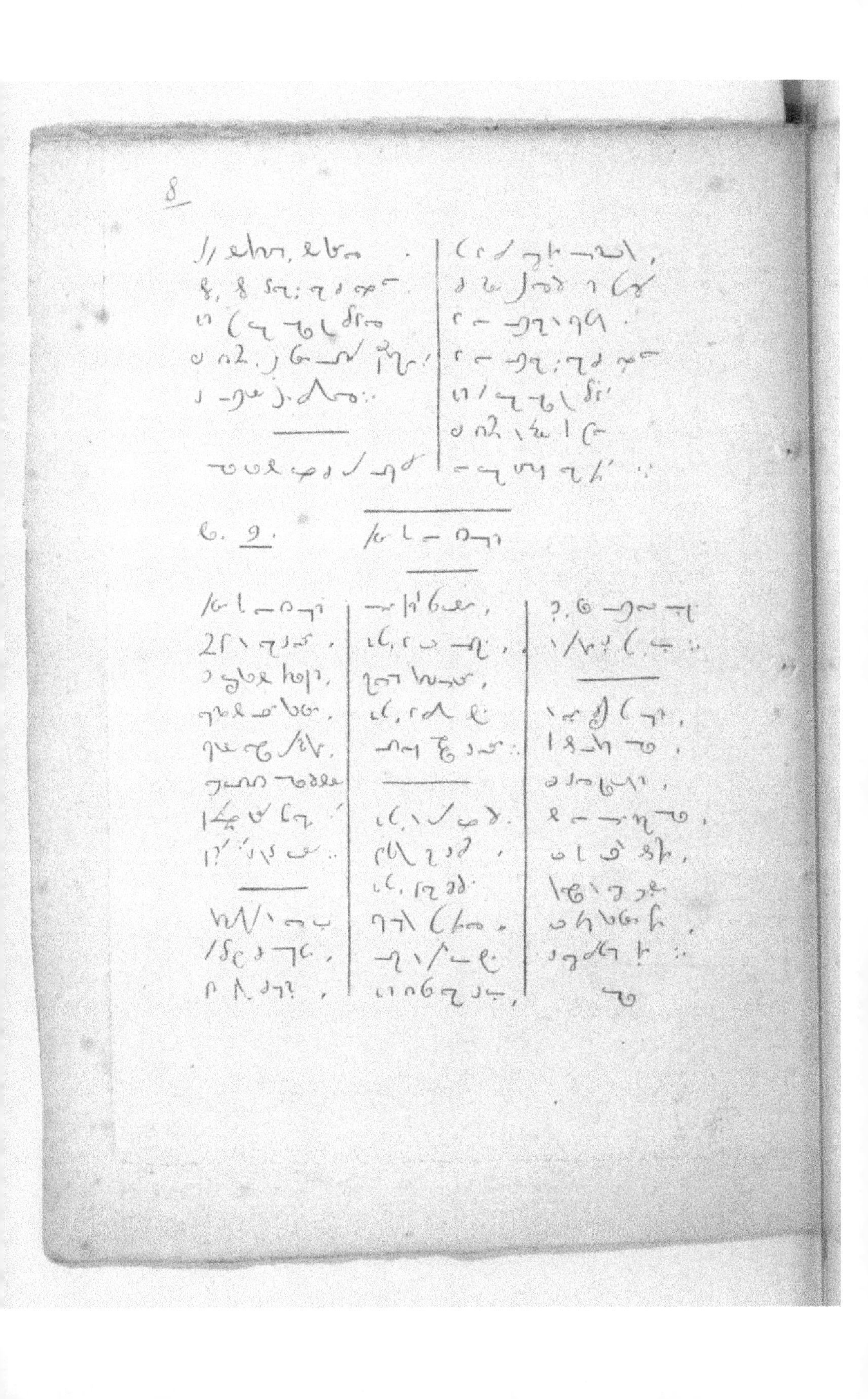

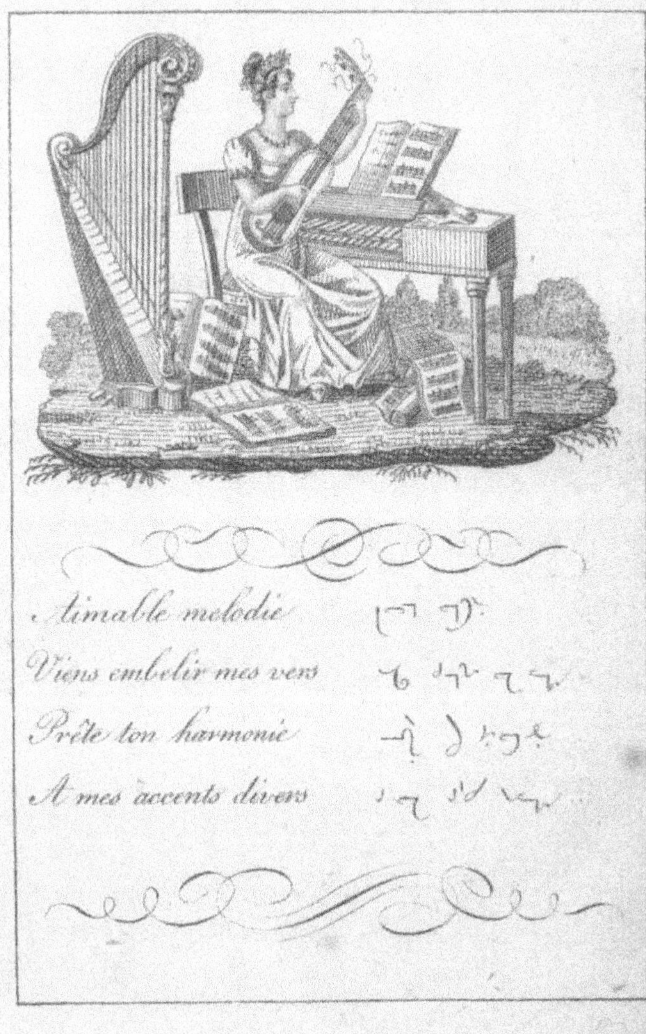
Aimable melodie
Viens embelir mes vers
Prête ton harmonie
A mes accents divers

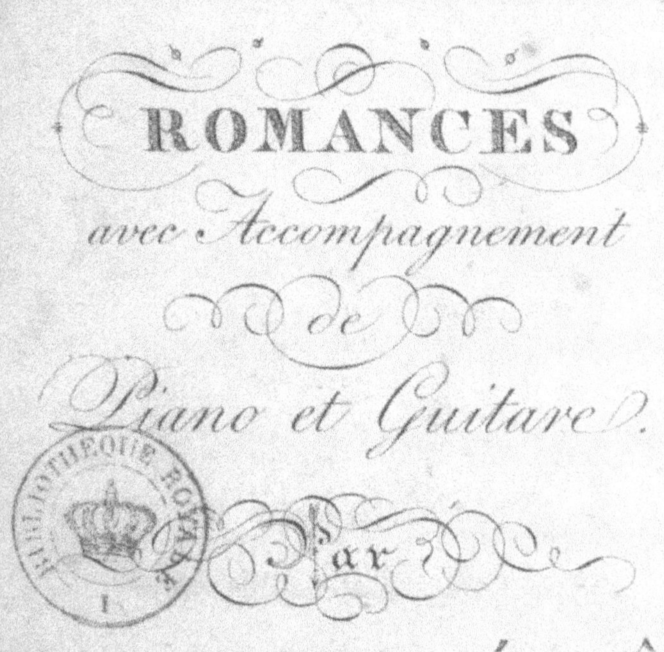

ROMANCES

avec Accompagnement

de

Piano et Guitare.

Par

Mlle. COULON DE THÉVENÔT,

Tachygraphe,

Professeur de Musique.

Rue de la Harpe, N.º 78.

Le Titre la Musique et la Tachygraphie gravés pr. Billet.

Romance

N°. I.

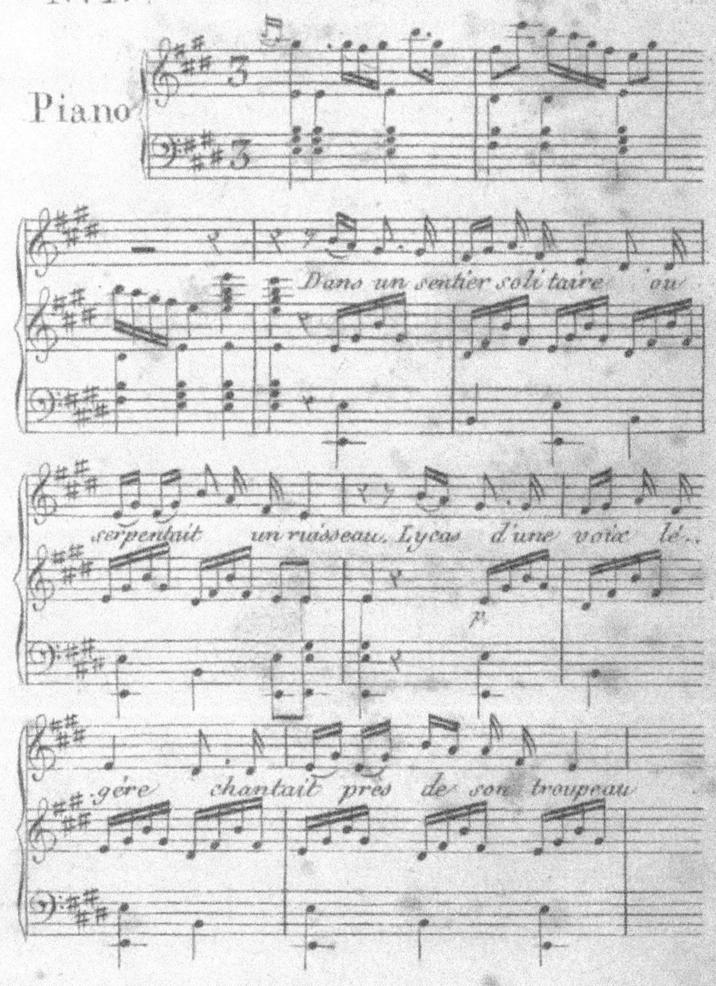
Piano
Dans un sentier solitaire ou
serpentait un ruisseau. Lycas d'une voix lé..
gére chantait près de son troupeau

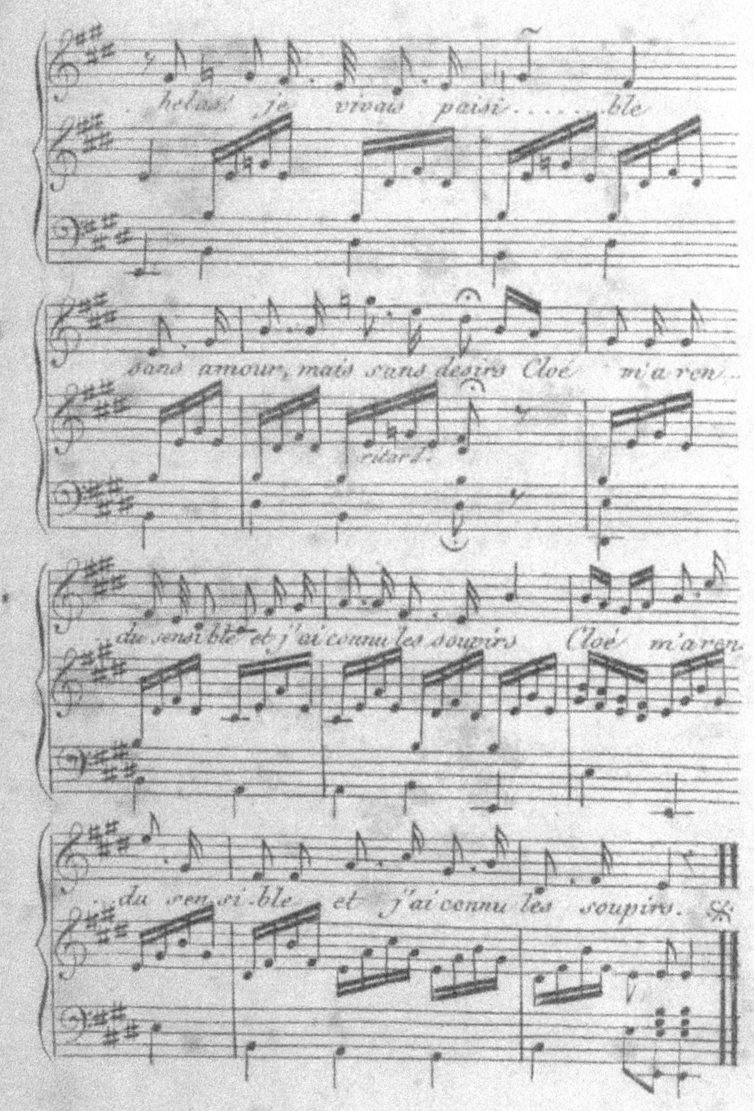
helas! je vivais paisi.....ble
sans amour, mais sans desirs Cloé m'a ren...
ritard.
...du sensible et j'ai connu les soupirs Cloé m'a ren
...du sen si ble et j'ai connu les soupirs.

N°. 2.

Romance

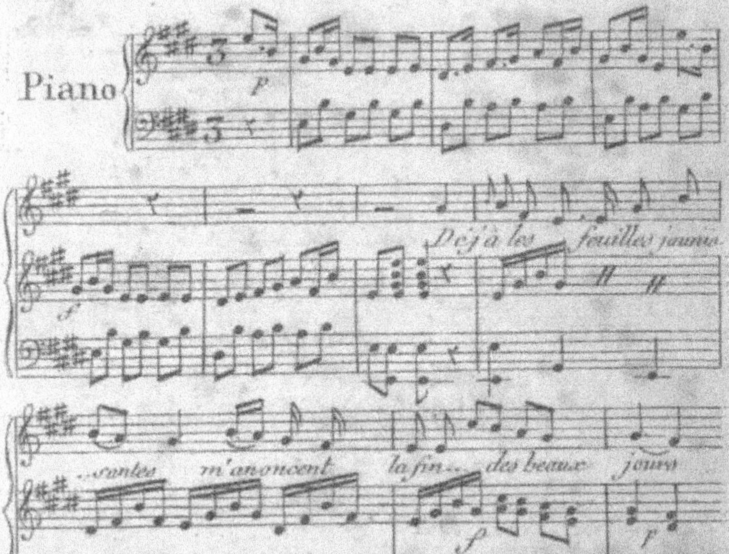

Piano

Déjà les feuilles jauni..santes m'anoncent la fin.. des beaux jours

déjà les ondes trans..parantes sem..blent se glacer pour toujours ou

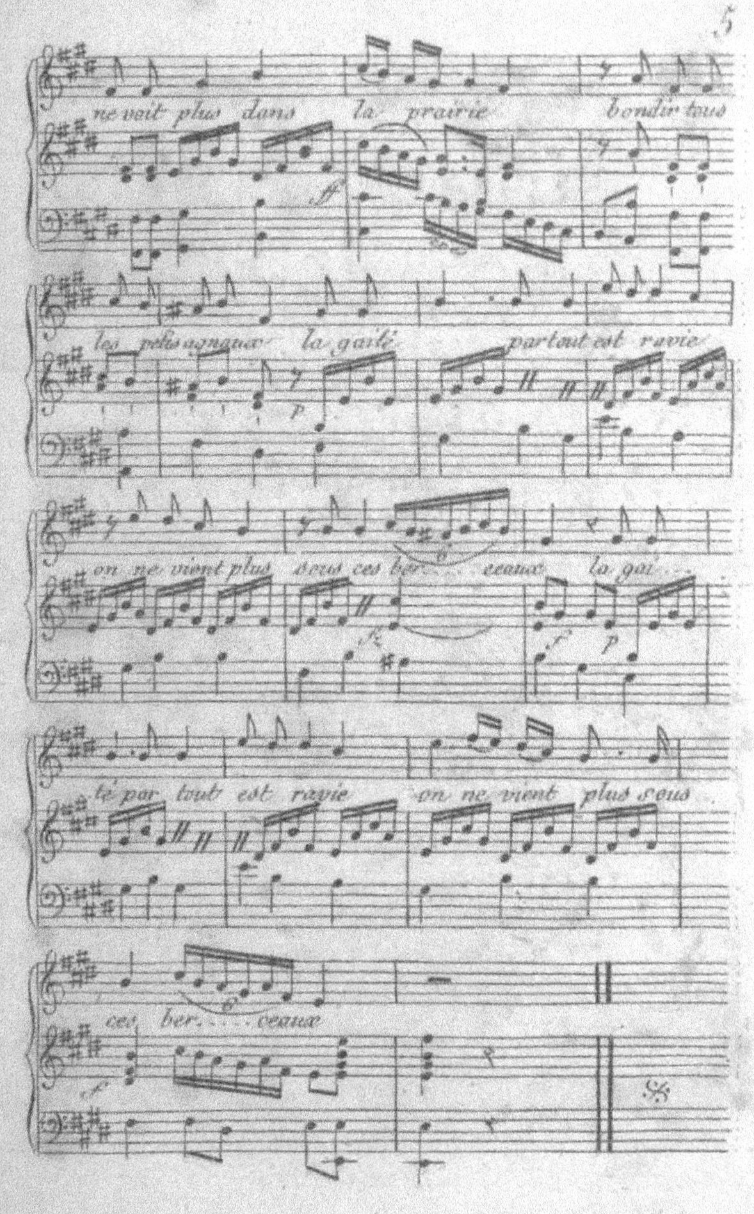
ne voit plus dans la prairie bondir tous
les petis agneaux la gaité partout est ravie
on ne vient plus sous ces ber... ceaux la gai...
té par tout est ravie on ne vient plus sous
ces ber... ceaux

N.º 3. L'Epoux que je désire.

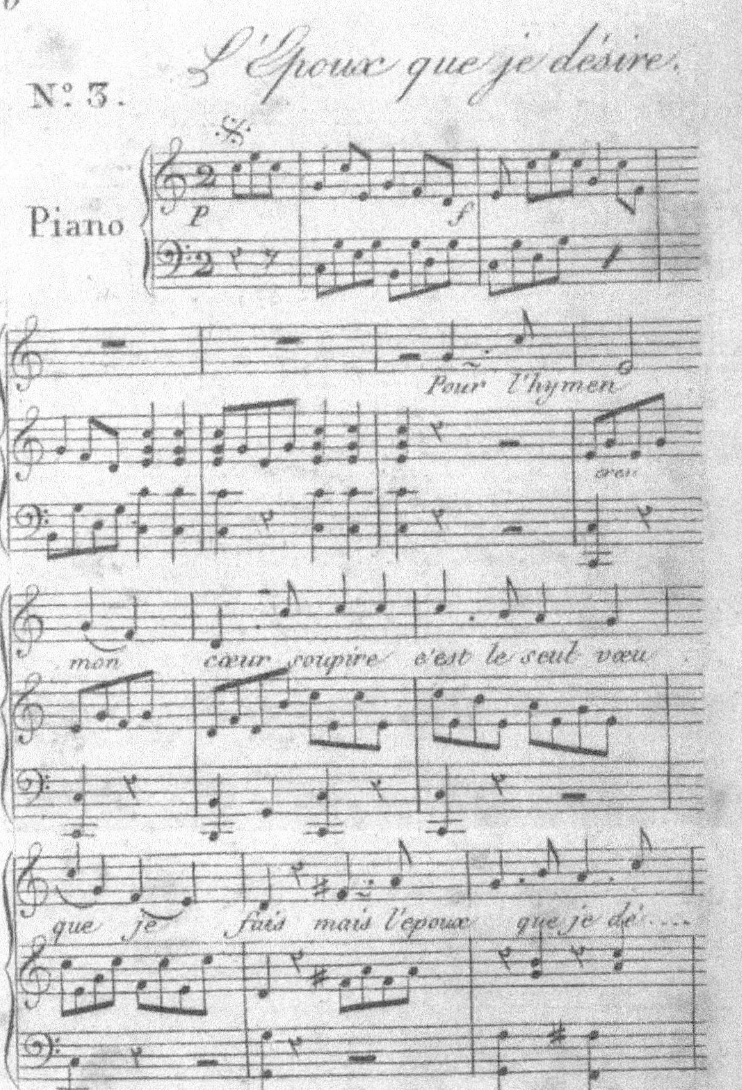

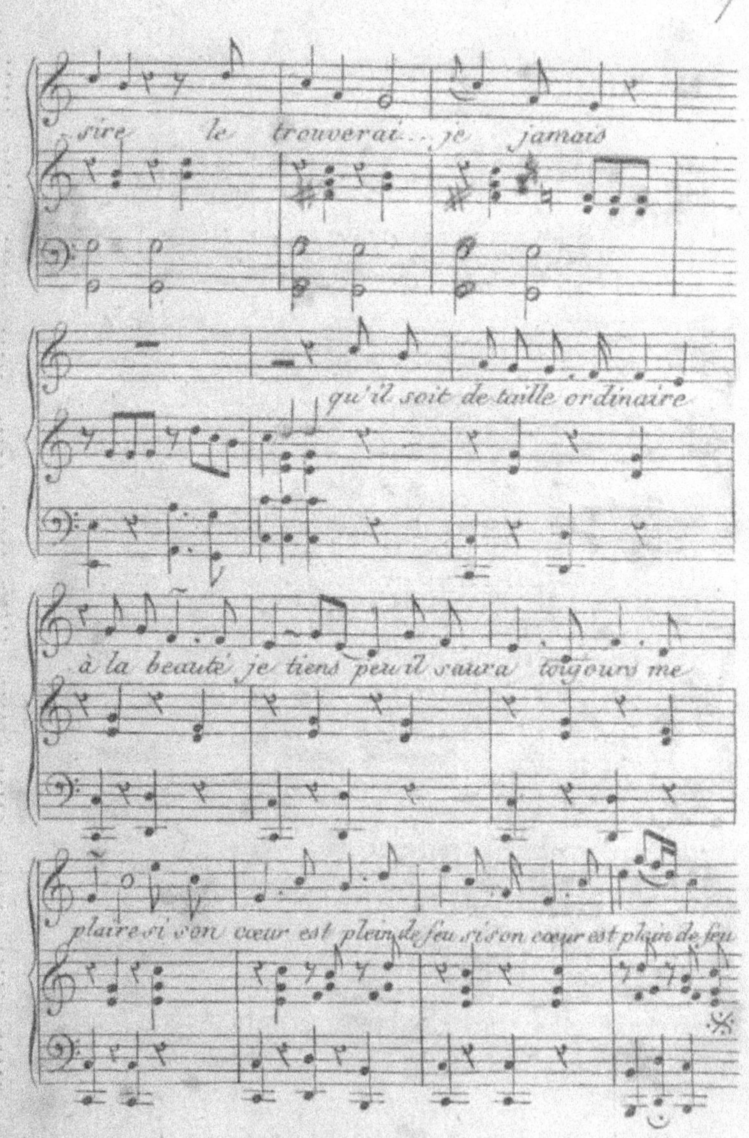
sire le trouverai... je jamais
qu'il soit de taille ordinaire
à la beauté je tiens peu il saura toujours me
plaire si son cœur est plein de feu si son cœur est plein de feu

Faut l'oublier

N° 4.

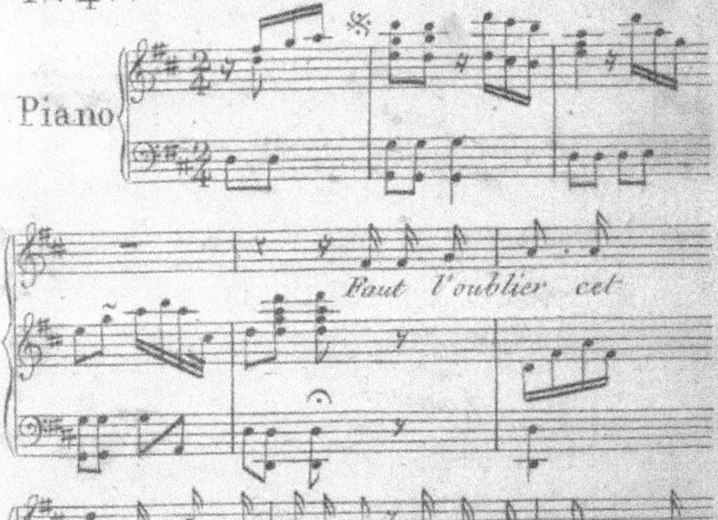

Piano

Faut l'oublier cet amant infi dele qui promettait de ne cherir que moi je dois briser tout

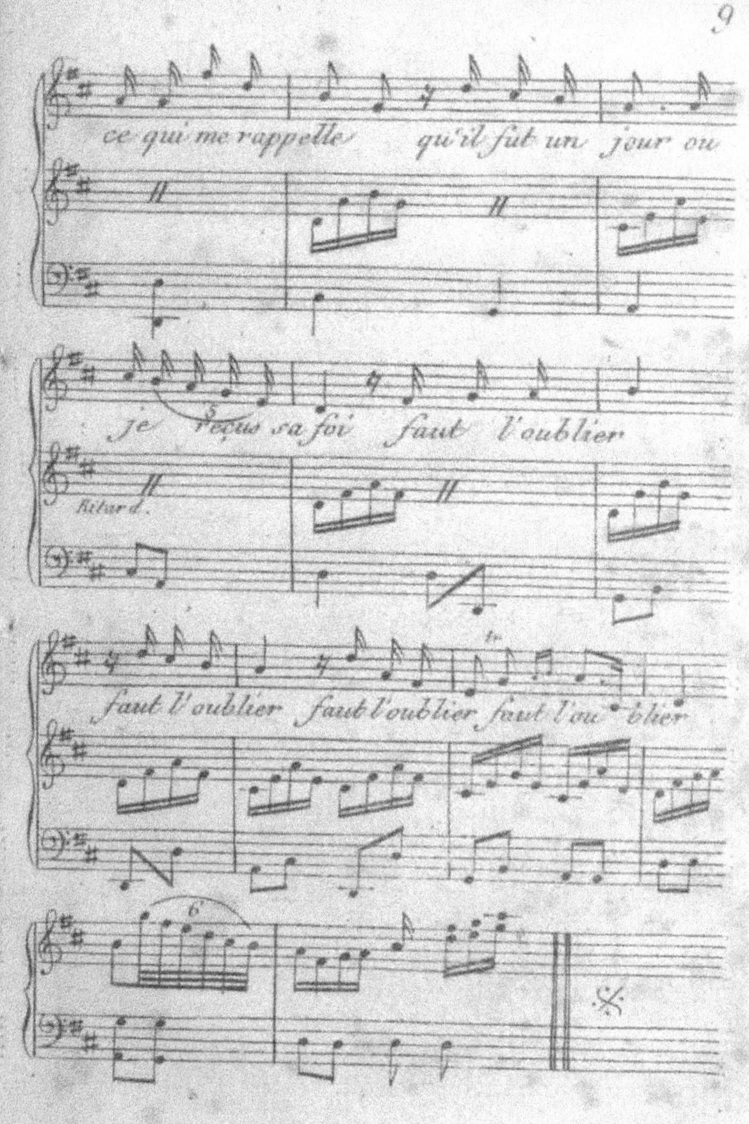
ce qui me rappelle qu'il fut un jour ou
je reçus sa foi faut l'oublier
Ritard.
faut l'oublier faut l'oublier faut l'ou = blier
tr
5
6

Romance.

N°. 5.

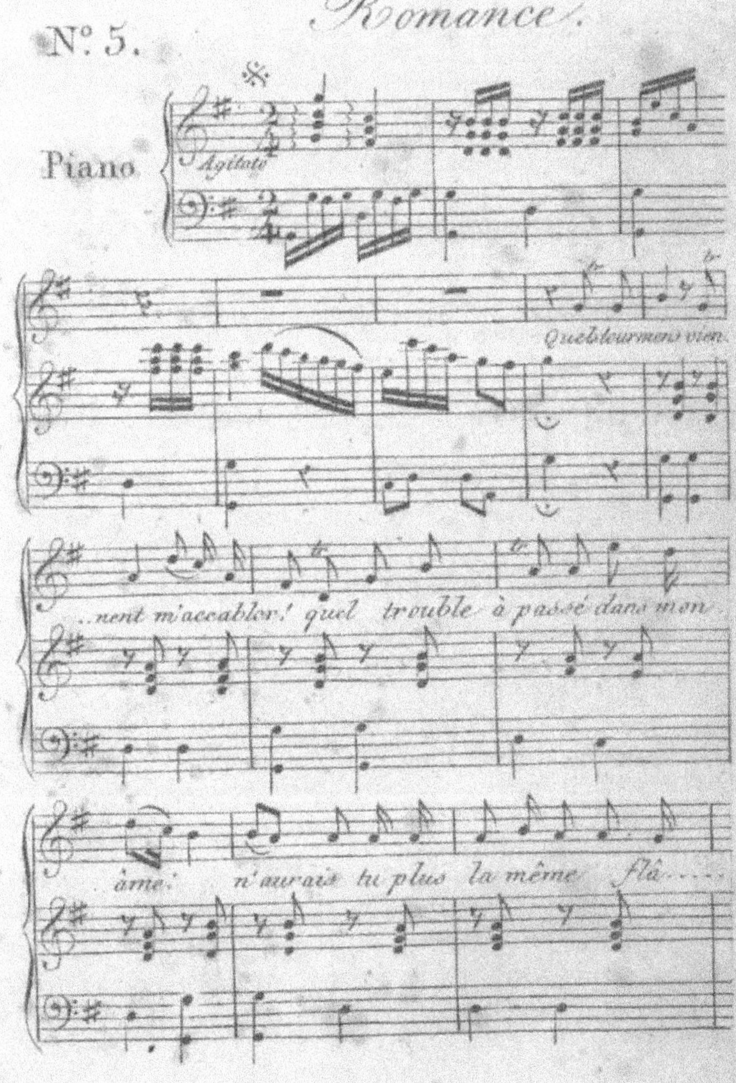
Piano
Agitato
Quel tourment vien-
..nent m'accabler! quel trouble à passé dans mon
âme! n'aurais tu plus la même flâ....

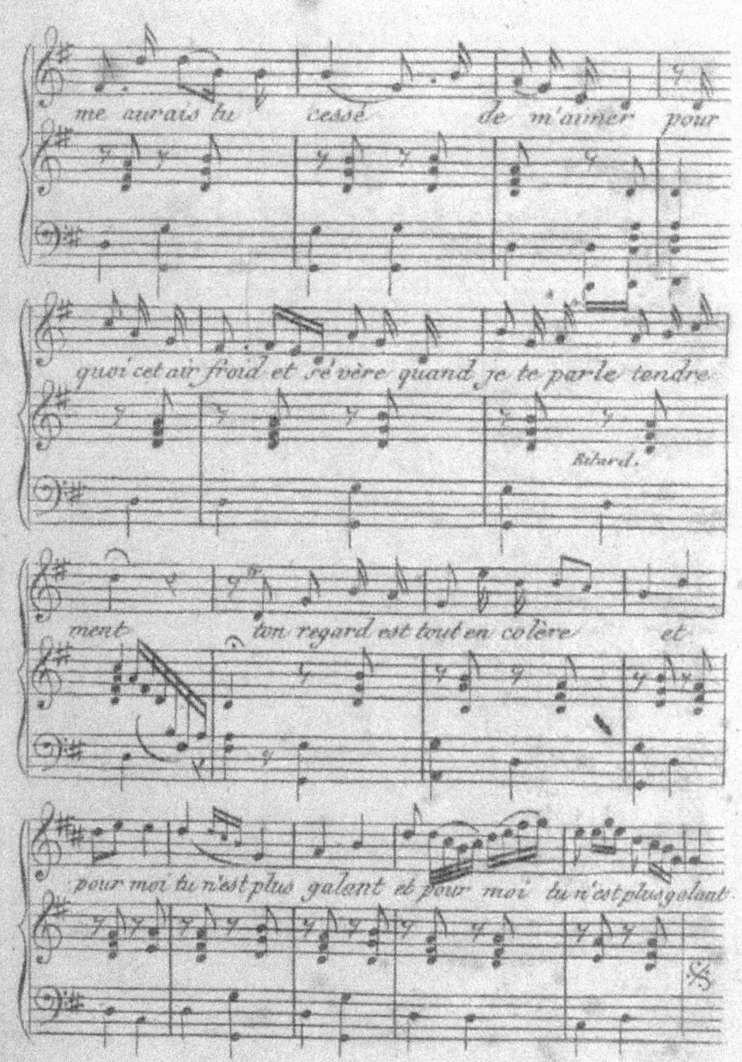
me aurais tu cessé de m'aimer pour
quoi cet air froid et sévère quand je te parle tendre
ment ton regard est tout en colère et
pour moi tu n'est plus galant et pour moi tu n'est plus galant

Le retour du Troubadour.

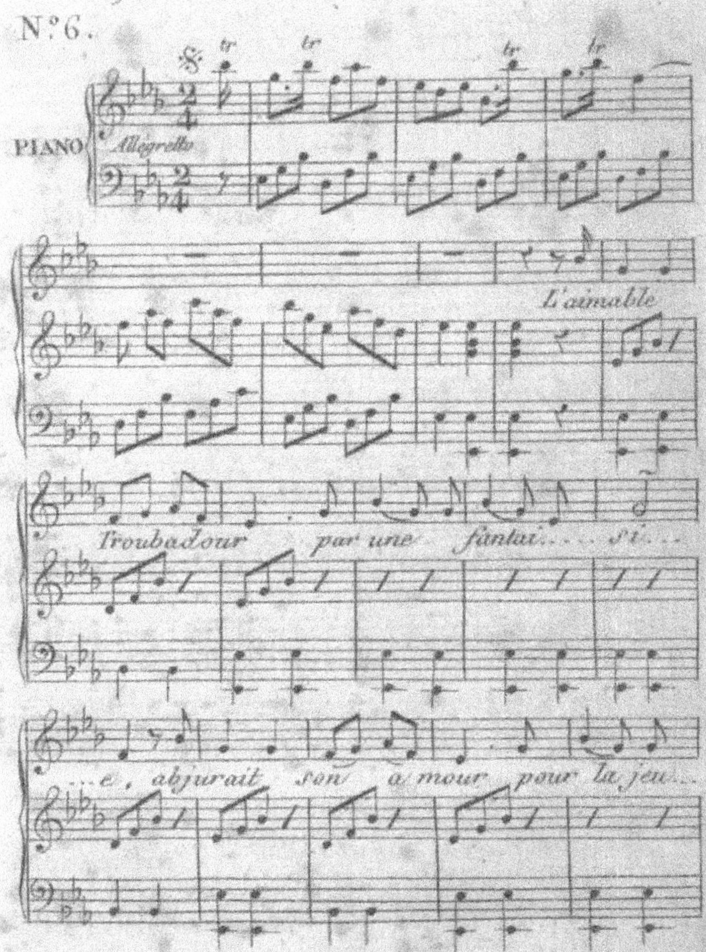

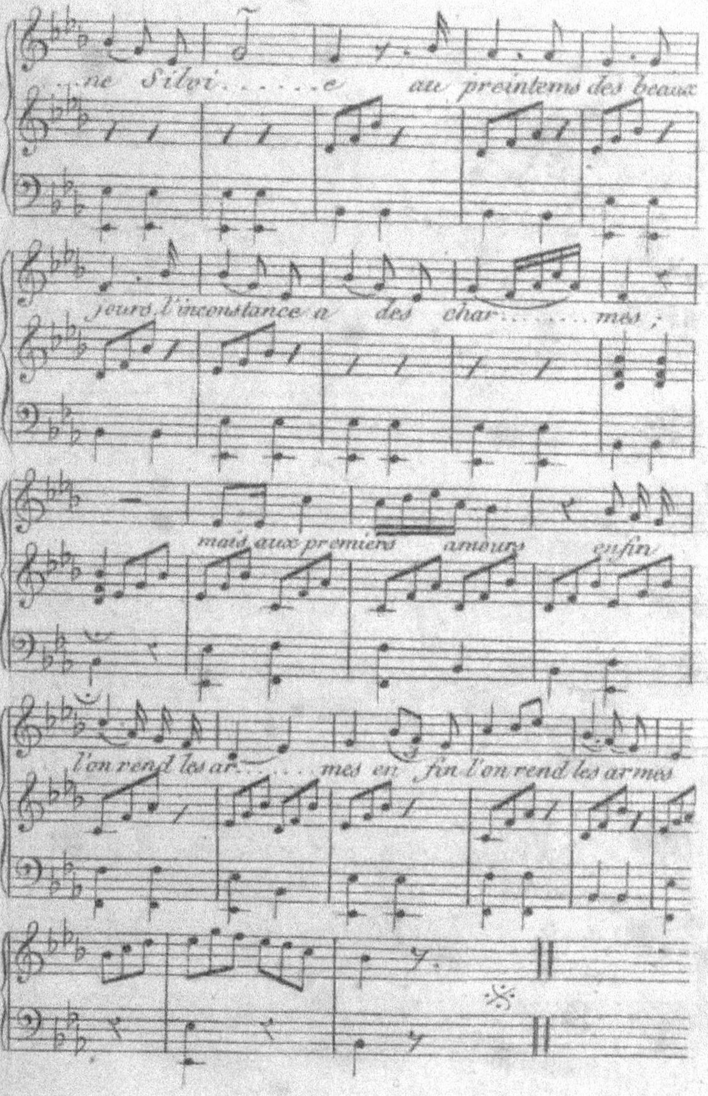

...ne Silvi......e au preintems des beaux

jours l'inconstance a des char.......mes;

mais aux premiers amours enfin

l'on rend les ar.......mes en fin l'on rend les armes

Le Déclin

N°. 7.

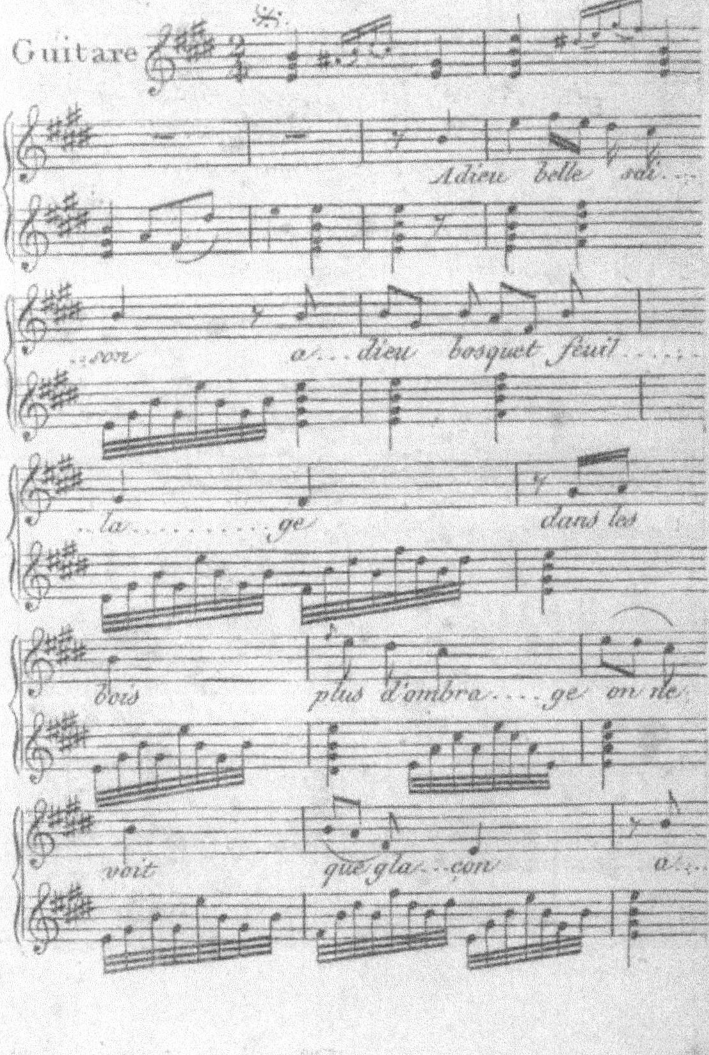

Guitare

Adieu belle sai...

...son a...dieu bosquet feuil.....

..la..........ge dans les

bois plus d'ombra....ge on ne

voit que gla...çon a...

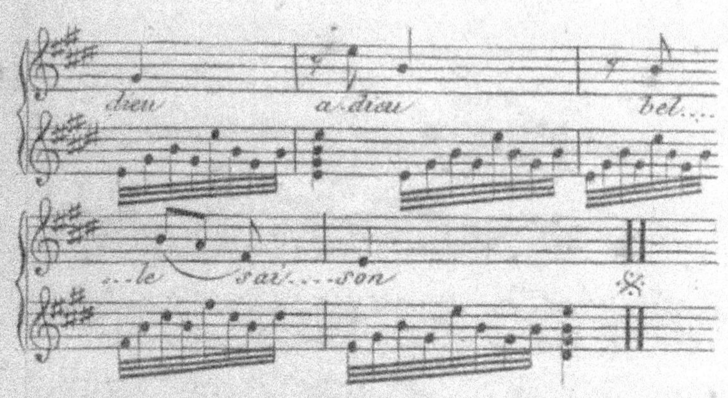

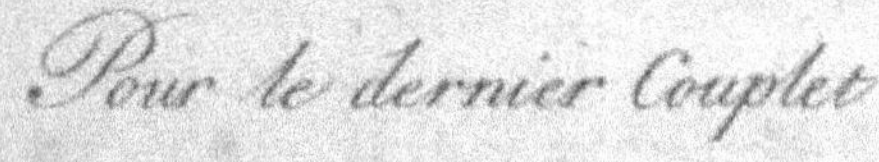

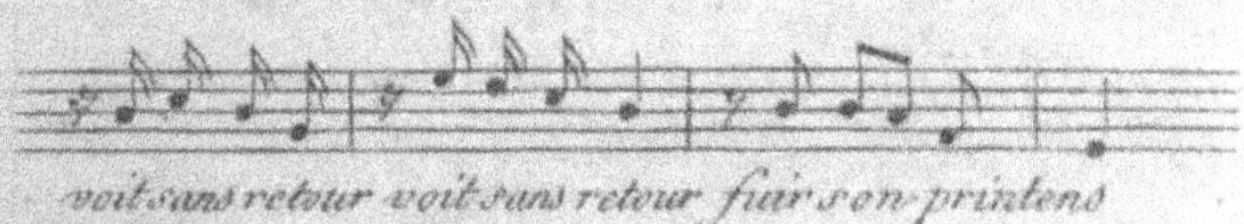

N.ª *On trouve chez l'Auteur, cette Romance avec accompagnement de Piano*

Me fait oublier mes Serments.

N°. 8.

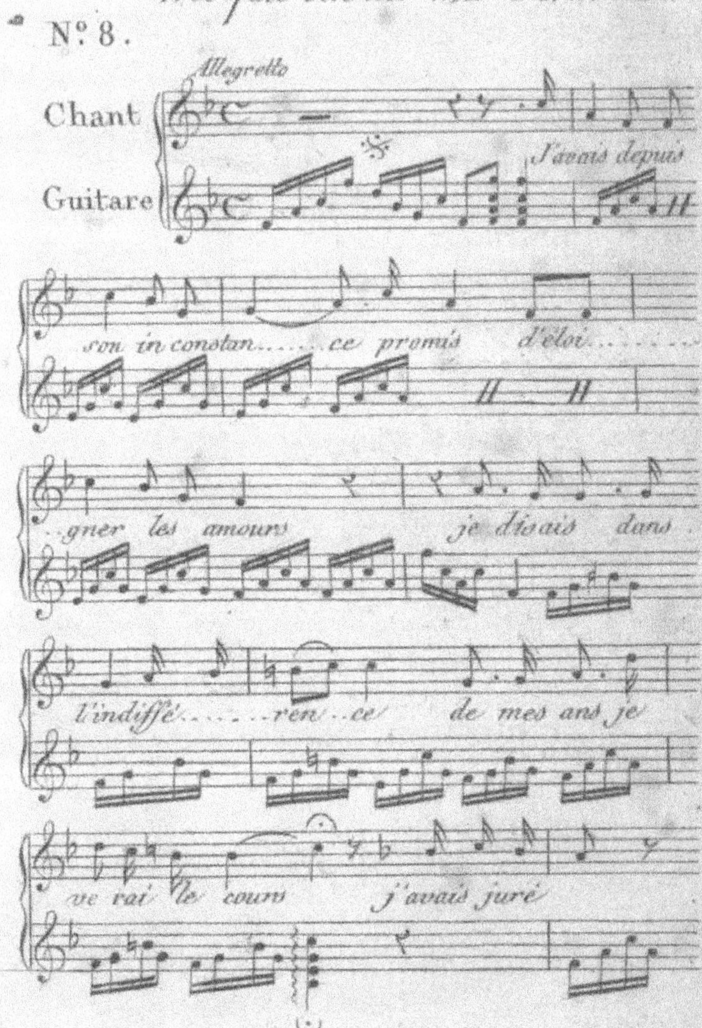

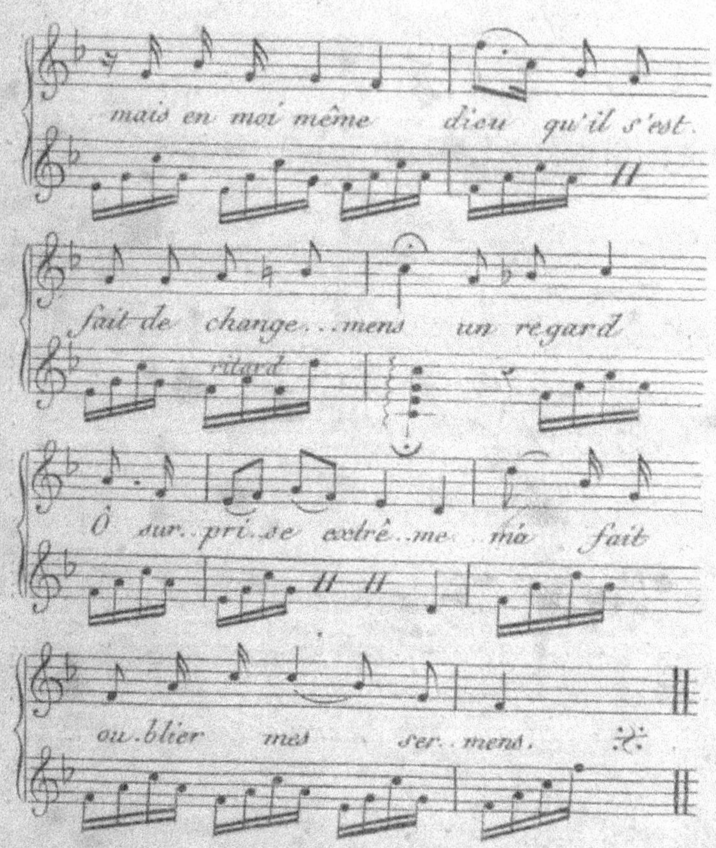
mais en moi même dieu qu'il s'est
fait de change..mens un regard
ritard
Ô sur..pri..se extrê..me m'a fait
ou..blier mes ser..mens.

Romance

Nº 9.

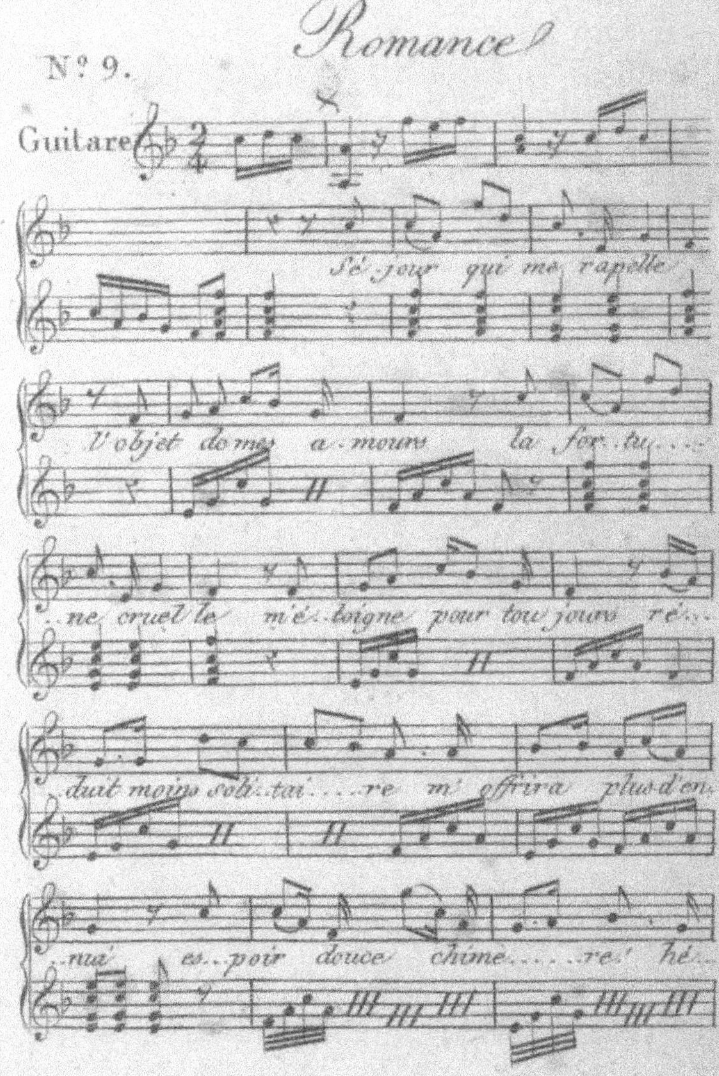
Guitare
Sé jour qui me rapelle
l'objet de mes a..mours la for tu...
..ne cruel le m'é..loigne pour tou jours ré...
..duit moins soli..tai.....re m' offrira plus d'en..
..nui es..poir douce chime......re! hé...

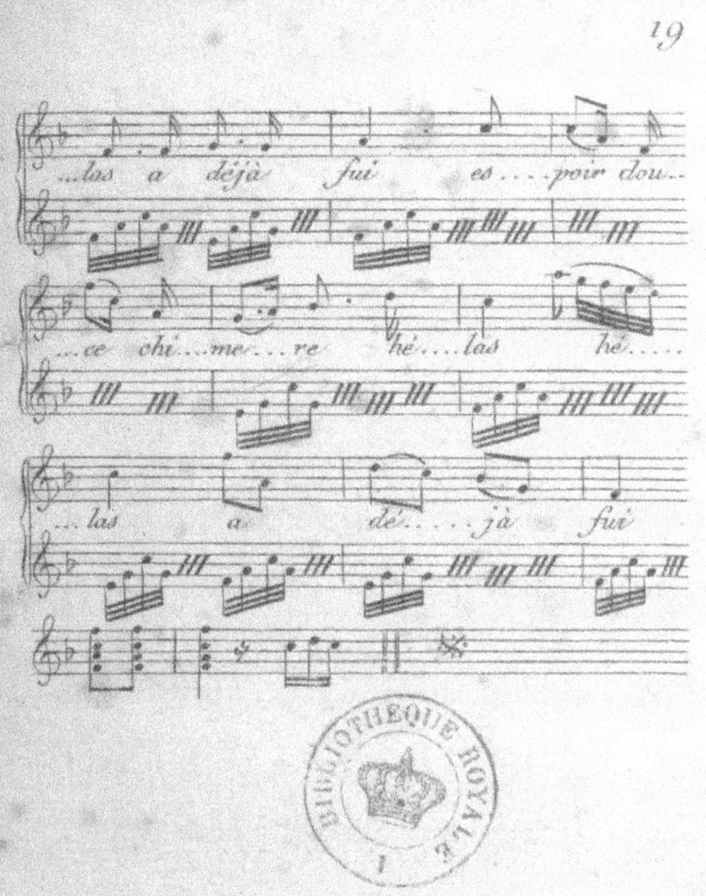
...las a déjà fui es....poir dou...
...ce chi....me....re hé....las hé.....
...las a dé....jà fui

www.ingramcontent.com/pod-product-compliance
Ingram Content Group UK Ltd.
Pitfield, Milton Keynes, MK11 3LW, UK
UKHW021521260726
13993UKWH00004B/1804

9 782329 223360